Ln 8671.

GIBERT
(AUGUSTIN-ISIDORE).

SOUVENIRS DE FAMILLE.

L n 8671

1857

GIBERT

(AUGUSTIN-ISIDORE).

—

SOUVENIRS DE FAMILLE.

J'avais un ami qui était pour moi comme un frère, avec lequel j'ai passé mon enfance, que je n'ai cessé d'aimer pendant mon âge mûr ; j'espérais que nous pourrions vieillir ensemble, car nous étions à peu près du même âge, et notre amitié avait été inaltérable, même sans nuages ; mais Dieu vient de l'appeler à lui quand cette dernière phase de la vie allait commencer pour nous : la mort seule a pu nous désunir. Cet ami était Augustin-Isidore Gibert.

Je voudrais fixer sur le papier quelques souvenirs de cet excellent homme. M'occuper de lui, rappeler ses rares qualités sera, non pas une consolation, mais un adoucissement aux vifs regrets de sa perte prématurée.

Peut-être aussi ces souvenirs auront-ils quelque charme pour ceux de ses plus jeunes enfants qui n'ont pu le connaître tout entier : cela m'encourage encore à les écrire.

Gibert était né à Chantilly, vers la fin de l'année 1797. Une partie de sa première jeunesse se passa dans cette ville, où son père faisait le commerce d'épicerie. Peu d'années après, ses parents étant venus s'établir à Paris, on songea à son éducation ; il fut mis en pension d'abord dans une petite maison, où l'on s'occupait plus des soins du corps que de ceux de l'esprit, puis dans une institution importante, celle de M. Lepitre, professeur et maître de pension de l'ancienne Université de Paris. Gibert était un enfant intelligent, plein d'émulation ; il devint un des bons élèves de cet habile maître. Déjà il avait passé quatre ans environ sous sa discipline un peu sévère, quand une occasion lui fut donnée d'interrompre pour toujours des études si heureusement commencées.

Notre bonne tante Gibert venait de perdre son mari. Restée veuve avec quatre enfants, dont trois demoiselles, et une très-médiocre fortune, elle dirigeait seule une importante maison de commerce d'huiles, rue de la Verrerie, vis-à-vis Saint-Merry, et la dirigeait en maîtresse femme qu'elle était. Néanmoins, voyant l'intelligence de son fils, elle pensa à le rendre utile le plus tôt possible à la famille, et sondant, en mère prudente, ses dispositions, lui demanda si la carrière du commerce lui plairait. Un jeune homme de quinze ans, auquel on ouvre une porte qui peut le faire sortir du collége, saisit d'ordinaire cette occasion avec empressement, à moins qu'il n'ait d'autres vues, autant que des enfants qui ne connaissent rien du monde peuvent avoir des vues. D'ailleurs, dans ce temps-là, le grand nombre de carrières libérales ouvertes aujourd'hui à la jeunesse n'existait point ; on ne connaissait pas même le baccalauréat. Je fais cette réflexion parce que Gibert prouvait par ses succès de classe qu'il aurait pu réussir dans une de ces carrières, si elles eussent été ouvertes à son émulation déjà active, et même ardente.

Mais il ne put pas avoir cette tentation. Il n'y avait guère alors, en fait d'écoles du gouvernement, que des écoles militaires, et Gibert était trop aimé de sa famille et l'aimait trop aussi pour tenter une carrière qui l'en aurait éloigné peut-être pour toujours, au moment où cette famille venait de perdre son chef; non pas qu'il eût la présomption, lui encore imberbe, de se regarder comme son remplaçant : mais il était le seul garçon, se croyait un peu le protecteur de ses sœurs, et aspirait à devenir le bras droit de sa mère. Il accepta donc comme une proposition l'ouverture qu'on lui faisait, demanda à être retiré de pension pour entrer immédiatement dans le commerce. On ne lui dissimula ni les épines, ni les peines qu'il allait rencontrer dans un apprentissage qu'il faudrait faire chez des étrangers; mais il y avait déjà quelque chose de si sérieux, de si ferme dans cette jeune tête de quinze ans, que ce noviciat, qui devait être si dur, ne l'effraya point : il l'accepta comme une épreuve nécessaire pour entrer dans une carrière où le poussait peut-être un secret pressentiment de la prospérité qu'il devait y trouver un jour.

Les épreuves furent telles qu'on le lui avait dit, et, chose remarquable, dans un âge où l'on se décourage si facilement, il ne se plaignit jamais, et persista jusqu'au bout dans un apprentissage où il lui fallait souvent dépenser plus de forces physiques que d'intelligence d'esprit. Pour dire les choses plus simplement, il se soumit à faire dans toute sa rigueur le métier pénible de garçon épicier, lui fils de bonne famille, et qui avait naturellement de la distinction dans l'esprit.

Au bout de deux ans, au moins, quand sa mère eut jugé qu'il avait assez d'expérience pour être utilement employé dans sa propre maison, elle le rappela près d'elle. Là, Gibert dut encore passer par un nouvel apprentissage; on ne le gâta pas plus qu'il ne l'avait été chez les étrangers : il voulut se mettre, pour le travail, à peu près au niveau des plus habiles garçons de magasin. Son esprit d'émulation et sa prévoyance lui disaient qu'il faut savoir faire soi-même ce qu'on doit commander aux autres, afin de joindre la pratique à tout ce que peut donner l'observation et le calcul. C'étaient encore là de rudes labeurs, mais il y acquit une expérience qui lui fut toujours utile par la suite : longtemps après, devenu chef de maison, commandant et faisant exécuter sous ses yeux, en homme profondément expérimenté, elle le mit à même de mériter la réputation de l'un des premiers épurateurs de Paris.

Après quelques années ainsi passées, et pendant lesquelles on l'initia aussi aux opérations commerciales, sa mère, notre bonne tante, qui, sans être encore âgée, avait une santé très-fatiguée, céda sa maison à Gibert. Il la gérait depuis quelques mois, quand il eut l'idée d'appeler en société avec lui sa sœur aînée, Virginie, mariée récemment, et dépensant son intelligence et son temps dans une maison du même genre, mais sans aucune importance.

Peu de temps après, Gibert épousa la cousine de son beau-frère. Il n'avait pas encore vingt et un ans, et il avait fallu l'émanciper pour le rendre apte à devenir chef de maison. Cette double alliance semblait devoir consolider une association qui réunissait beaucoup d'autres motifs de convenances, mais il n'en fut pas ainsi : le beau-frère de Gibert avait peu d'aptitude commerciale, et malheureusement ses prétentions en ce genre étaient en raison inverse de son aptitude ; elles allaient même jusqu'à lui inspirer une certaine jalousie contre son associé, qui était beaucoup plus jeune que lui, et dont il semblait vouloir mesurer la capacité à son jeune âge. Enfin des dissentiments éclatèrent. Gibert comprit aussitôt que ce peu d'accord serait un empêchement à la prospérité de la maison, et en homme qui voit juste et vite, proposa de se retirer, et se retira en laissant à sa sœur le fonds de commerce, si avantageusement connu et si bien achalandé.

A la suite de cette séparation, il acheta, rue de la Vieille-Monnaie, un fonds peu important d'épurateur et de marchand d'huiles. C'est là qu'il a vu des jours bien difficiles. Encore peu expérimenté dans la spéculation, qui en tout genre de commerce ne peut être faite habilement que par les hommes qu'un long exercice a pu éclairer et que l'âge a mûris, il s'y livra trop ardemment, se trompa dans ses calculs et, sans rien faire perdre à personne, perdit lui-même tout son médiocre avoir.

Le premier moment de ce désastre fut affreux : son courage en fut ébranlé jusqu'au désespoir. Mais cette secousse passée, cette satisfaction donnée à la nature, il rappela toute son énergie, et se disposa à faire tête au malheur. Il trouva dans sa mère, dans quelques bons parents ou amis, des conseils et un appui efficace, car son erreur ne lui avait fait perdre la confiance de personne : on avait foi, non-seulement dans sa probité, mais aussi dans son intelligence, dans sa capacité déjà si marquée pour les affaires. Il venait de se tromper; on comptait son erreur comme un enseignement qui devait lui donner une prudence qu'il eut désormais : cependant, jamais cette prudence n'exclut en lui une certaine hardiesse à un moment donné, qui est pour le négociant doué du coup d'œil le mouvement en avant qui décide de la victoire sur le champ de bataille.

On ne s'était pas trompé sur le compte de Gibert : après plusieurs années, par le travail le plus opiniâtre, et malgré une maladie nerveuse qui le fit souffrir pendant plus de quinze ans, il commença de refaire sa fortune, rue de la Vieille-Monnaie, puis rue des Écrivains, où, peu riche encore; il avait été obligé de transporter son établissement dans une maison qu'on le contraignit d'acheter, parce qu'il y avait son épuration. C'est sur l'emplacement de cette vieille maison, que vingt ans après environ, son intelligence et son travail lui ont permis d'élever une maison neuve, qui est un des ornements de la belle rue de Rivoli.

Gibert a payé aussi sa dette en services publics. L'estime générale dont il jouissait avait marqué sa place au tribunal du commerce de Paris, où le vœu de ses concitoyens l'appelait ; mais sa santé toujours chancelante ne lui permit pas d'accepter la magistrature consulaire, enviée comme la couronne de l'honneur, parce qu'il sentait qu'il n'aurait pas toujours pu en remplir les devoirs. Mais pour ne point repousser tout à fait les plus honorables instances qui lui furent faites à plusieurs reprises, il céda aux sollicitations du tribunal, et remplit pendant quelques années les fonctions un peu moins pénibles de juge complémentaire. Cependant, bien qu'en dehors du tribunal, il n'en partagea pas moins ses travaux d'une manière indirecte par les arbitrages qu'on lui renvoyait souvent, à la grande satisfaction des parties.

Mais un des plus importants services qu'il ait rendus, parce que ce fut celui dont les conséquences furent le plus généralement utiles, c'est d'avoir fait inventer un instrument qui a rendu toute fraude impossible dans la qualité des huiles ; je veux dire le *pèse-huile*, en usage depuis une quinzaine d'années, et qui, sans être plus grand qu'un pèse-liqueur ordinaire, donnant, à une très-petite fraction près, le poids de chaque espèce d'huile, fait connaître si elle est pure ou mélangée, et dans quelle proportion. Ce moyen d'appréciation était souhaité depuis longtemps par le commerce, qui ne connaissait aucun instrument ni aucun procédé qui en approchât. Gibert fit venir un jeune physicien, lui exposa le problème à résoudre, lui montra les obstacles à vaincre, l'aida de son expérience de fabricant, fit tous les sacrifices nécessaires, et quand, après bien des essais, l'instrument eut réussi, il s'empressa d'en doter le commerce; il ne se réserva qu'un droit, celui de faire profiter le jeune constructeur seul de tous les profits de la vente de l'appareil. Un autre se serait fait honneur de cette découverte, et l'aurait publiée dans les journaux; mais la modestie de Gibert ne s'accommodait pas de tant de bruit : il se contenta d'avoir rendu un grand service au commerce d'huiles, et lui, si loyal, d'avoir imposé désormais la probité aux fraudeurs.

Je viens de donner une rapide et très-faible esquisse des grands traits de la carrière commerciale de Gibert, de celle qui lui a permis, dans un espace de trente-sept ans, d'acquérir, de la manière la plus honorable, une aisance qui était presque de l'opulence, en même temps qu'il élevait une nombreuse famille, et se livrait à son caractère obligeant et charitable au plus haut point.

Je vais maintenant parler de sa personne, et ce ne sera pas la partie la moins intéressante de ces souvenirs intimes.

Gibert avait un caractère porté au sérieux et à la méditation, mais sans tristesse. Quand il était en bonne santé, et dans la société de personnes qui lui plaisaient, il montrait souvent un charmant esprit, devenait même causeur avec un tour original, et quelquefois très-plaisant sans la moindre affectation, car il était antipathique à toute affectation.

Ses sentiments étaient ceux d'un homme profondément religieux, et il le fut de bonne heure, non pas dès son enfance proprement dite, mais dès sa première jeunesse, dès cet âge où l'on commence à raisonner et à juger. Doué à un profond degré du sens du juste, du bon et de l'honnête, ayant l'amour du devoir, ce fut après réflexion et en toute connaissance de cause qu'il se tourna vers la religion, parce qu'il trouvait dans ses prescriptions et dans sa pratique l'accomplissement de ce qu'il avait au fond du cœur. Dès le début, il fut un chrétien fervent, inébranlable, et jamais ce qu'on appelle respect humain ne put le faire manquer, même occasionnellement, au plus léger devoir religieux. Il croyait, donc il ne jugeait plus, et il montrait en cette matière toute la docilité d'un enfant.

Sa piété n'avait cependant rien d'austère pour les autres, et jamais je n'ai vu personne plus indulgent que lui, soit pour les croyances, soit pour les erreurs. Il ne fut pieux que pour devenir encore meilleur qu'il n'était naturellement. Il faisait tout pour réussir, et il aimait à rapporter ses succès à Dieu, en se montrant plus obligeant et plus charitable encore.

On ne saurait dire combien de personnes ont été obligées par lui, car il faisait le bien si modestement, si chrétiennement, que c'était toujours un secret entre lui et l'obligé. Les pèlerins des premières croisades marchaient en s'écriant : « Dieu le veut ! » C'était en quelque sorte aussi le cri du cœur de Gibert, et je l'ai entendu excuser sa facilité à une bienfaisance qui ne se lassait jamais, en disant avec une pieuse bonhomie : « Toutes les fois que j'ai pu rendre service à quelqu'un d'une manière un peu essentielle, Dieu m'en a tenu compte en m'envoyant un surcroît de prospérité dans mes affaires. »

Cette bonté généreuse, il la répandait sur tout ce qui l'approchait, sur tous les gens malheureux ou souffrants qui se faisaient connaître à lui. Il se regardait comme le père de ses ouvriers, et les traitait en conséquence, soit en leur assurant un salaire continu, même aux époques où leur service lui était peu utile, soit en les aidant dans leurs embarras de famille. Il avait dans la rue des Écrivains beaucoup de petits locataires dont l'existence était assez précaire, parce qu'elle dépendait des variations industrielles ou commerciales; jamais il ne les tourmentait pour le payement de leur terme quand il les voyait malheureux ; bien souvent même il les secourait de sa bourse, de sorte que sa maison devenait pour eux, dans ces moments critiques, comme un asile de la Providence.

Sa charité envers les pauvres était inépuisable; il semblait craindre de manquer une occasion de l'exercer, et répétait assez souvent à un ecclésiastique de ses amis : « Toutes les fois que vous aurez des misères
« extrêmes à soulager, ou des pauvres honteux à secou-
« rir, dites-le moi, je vous prie; ne craignez pas d'être
« indiscret : au contraire, vous me rendrez service,
« vous me ferez plaisir, car je dois seconder la Provi-
« dence en venant en aide à ceux qui souffrent les tour-

« ments de la misère et de la faim. » C'était chez lui, comme d'habitude, des paroles sincères, car il ne lui est jamais arrivé de ne pas répondre aux appels faits au nom de la charité.

Il tenait ses aumônes plus secrètes encore que ses autres bonnes œuvres, et nul n'a mieux pratiqué le précepte de l'Évangile, que la main gauche doit ignorer ce que donne la main droite. Cependant la reconnaissance, qui n'est pas tenue à autant de discrétion, a laissé transpirer quelque chose de ses libéralités envers les malheureux, et l'on peut conjecturer qu'elles s'élevaient à peu près au dixième de son revenu. Cependant il craignait de n'être pas encore suffisamment charitable, et dans les derniers temps de sa vie, il demandait au même ecclésiastique, par les mains duquel il aimait à répandre une partie de ses bienfaits : « Est-ce que je donne assez, « et ne devrais-je pas m'imposer de nouvelles privations « pour mieux secourir les pauvres de Dieu? »

Les privations, il les voulait pour lui seul et non pour ses enfants, qu'il aimait avec une extrême tendresse, bien qu'il semblât craindre de le montrer au dehors ; néanmoins son cœur débordait quelquefois avec une véritable effusion. Loin de ses enfants, toute sa tendresse éclatait dans des lettres trop rares qu'il avait occasion de leur écrire : là il était lui malgré lui-même, pour ainsi dire, et ne craignait pas de laisser voir les trésors de son affection paternelle.

Cependant, si dans les relations directes et quotidiennes il semblait souvent renfermer en lui ces doux sentiments, les garder pour en jouir dans son intérieur, ses enfants étaient sa préoccupation constante; il jouissait de les voir autour de lui, et son amour se manifestait sans cesse en actes de dévouement et de prévoyance pour le temps où il ne serait plus au milieu de cette chère famille. En effet, jusqu'à son dernier jour il s'est occupé d'elle, et n'a cessé de le faire que peu d'heures avant de s'endormir du sommeil des justes [1]. Il ne regardait pas sa tâche comme finie, mais Dieu en avait marqué le terme. Espérons que ce Dieu de justice et de bonté a déjà accueilli cet excellent père, cet ami incomparable, cet homme de tant de bonnes œuvres, et qu'il lui a dit les miséricordieuses paroles de la messe des trépassés :

« Je vous donnerai le repos, car vous avez trouvé grâce
« devant moi, et je vous connais par votre nom ; et je
« vous ferai jouir de tout bien [2]. »

Paris, le 12 août 1857.

Ch. Dezobry.

[1] Gibert est mort le 10 août 1857.
[2] Requiem dabo tibi : invenisti enim gratiam coram me, et teipsum novi ex nomine ; ego ostendam omne bonum tibi.

Paris. — Imprimé chez Bouaventure et Ducessois,
55, quai des Grands-Augustins.

www.ingramcontent.com/pod-product-compliance
Lightning Source LLC
Chambersburg PA
CBHW071449060426
42450CB00009BA/2348